평범한 우리 어린이들을 다음 세대
위인으로 만들어 줄 교과서 위인 이야기!
효리원의 교과서 위인 이야기는 초등학교
교과 과정에 나오는 국내외 위인들을, 우리나라
최고 아동 문학가 53인이 재미있게 동화로 구성했습니다.
지혜와 용기로 위대한 삶을 산 위인들의 이야기는,
어린이들의 마음속에 '나도 할 수 있다.'는
희망의 씨앗을 심어 줄 것입니다!

일러두기

1. 띄어쓰기와 맞춤법 : 초등학교 국어 교과서와 국립국어원의 『표준국어대사전』을 기준으로 하였습니다.
2. 외래어 지명과 인명 : 국립국어원의 『외래어 표기 용례집』을 기준으로 하였습니다.
3. 이해가 어려운 단어 : ( ) 안에 뜻풀이를 하였습니다.
4. 작가 연보 : 연도와 함께 나이를 표기하고, 업적을 간략히 소개하였습니다. 우리나라 위인은 태어난 해를 한 살로 하였고, 외국 위인은 만 나이를 한 살로 하였습니다. 정확한 자료가 없는 위인은 연도와 업적만을 나타냈습니다.
5. 내용 구성 : 위인의 삶은 역사적 자료를 바탕으로 최대한 사실적으로 구성하였습니다. 그러나 읽는 재미를 위해 대화 글이나 배경 묘사, 인물의 감정 표현 등에 작가의 상상력을 가미하였습니다.
6. 그림 구성 : 문헌을 바탕으로 위인이 살던 시대를 충실히 나타내도록 하되 복식의 색상이나 장식, 소품, 건물 등은 작가의 상상으로 그렸습니다.
7. 내용 감수 : 각 분야의 전문가들로 구성된 편집 위원들이 꼼꼼히 감수를 하였습니다.

편집 위원

김용만 (우리역사문화연구소장)
교과서에서 만나는 위인들을 중심으로 일화와 함께 그림과 사진을 곁들여 지루하지 않게 읽을 수 있습니다. 술술 읽다 보면 학교 공부에도 많은 도움이 될 것입니다.

신현득 (동시인, 전 새싹회 회장)
우리가 자주 듣고 접하는 역사 속 실존 인물들이 자신의 꿈을 이루기 위해 어떻게 노력했는지 깨달아 가면서 우리 어린이들은 한층 더 성숙해질 것입니다.

윤재운 (동북아역사재단 연구 위원)
위인전을 읽으면서 어린이들은 시대를 넘어 간접 체험을 할 수 있습니다. 어떻게 살아야 하는지 인생에 대한 동기 부여와 함께 삶이 보다 풍요로워질 것입니다.

이은경 (철학 박사, 전북과학대 유아교육학과 교수)
한 사람의 인격과 품성은 어릴 때 형성됩니다. 따라서 초등학교 저학년 때 어떤 책을 읽느냐에 따라 생각의 크기가 달라집니다. 어린이의 미래를 위해 이 책은 꼭 읽어야 합니다.

이창열 (하버드 대학교 물리학 박사, 전 국가과학기술자문회의 전문 위원)
세상을 바꾼 위대한 인물의 이야기는 어린이의 인성 및 감성 발달에 큰 영향을 미칠 뿐 아니라 실험 정신과 개척 정신을 길러 줍니다. 용기와 지혜로 세상을 헤쳐 나가는 당당한 어린이를 꿈꾼다면 이 책은 꼭 한번 읽어 보아야 합니다.

정재도 (한글학자)
위인으로 일컬어지는 이들은 어떤 생각을 하고, 어떤 삶을 살았을까요? 그들의 흔적을 담은 위인전은 복잡한 현대를 이끌어 갈 우리 어린이들에게 나침반과 같은 역할을 할 것입니다.

조수철 (서울대학교 의과대학 소아정신과 교수)
위인전은 시대와 신분, 업적이 다른 위인들의 삶이 다양하고 흥미롭게 구성되어 있어 손쉽게 여러 삶의 모습을 만날 수 있습니다. 용기 있게 고난을 헤쳐 나간 위인의 이야기를 통해 삶의 지혜를 배울 수 있을 것입니다.

최초로 동력 비행기를 만들어 낸 형제

라이트 형제

길지연 글 / 권영묵 그림

이 책을 읽는 학부모님과 선생님께

책 읽기는 단순히 글자를 읽으며 줄거리를 따라가는 것이 아닙니다. 책을 다 읽은 후, 그 안에 담긴 내용을 이해하고 자기의 생각과 비판이 자연스레 떠올라야 책을 제대로 읽었다고 할 수 있습니다. 그런 후에 글을 읽은 자신의 소감을 말하게 하는 것도 좋은 경험이 될 것입니다. 위인전은 특히 창작 동화와 분명 다르게 읽어야 합니다.

학부모님과 선생님께서는 우리 어린이들이 위인전을 읽을 때 다음과 같은 점들을 놓치지 않도록 지도해 주시기 바랍니다.

첫째, 주인공의 어린 시절, 성격, 버릇, 취미, 관심은 어떠했는지 나와 비교하며 읽습니다.

둘째, 위인은 보통 사람과 어떤 점이 차이가 나며 어떻게 해서 성공했는지 그 이유를 생각하며 읽습니다.

셋째, 주인공이 남긴 업적과 그것이 우리에게 미치는 영향을 생각하며 읽습니다.

　이 책의 주인공인 라이트 형제는 처음으로 비행기를 발명한 사람들입니다. 그래서 주로 발명과 실험에 대한 이야기가 나옵니다. 물론 어려움과 고난이 있었지만 이들은 이를 극복하고 꿈을 이루어 오늘날 여러 사람들에게 존경받는 위인이 될 수 있었습니다. 어린이들이 이 책을 읽으면서 라이트 형제가 만들었던 장난감 헬리콥터, 글라이더 모형 등을 직접 만들어 보거나, 원리를 공부해 보는 것도 좋습니다. 그렇게 한다면 위인전을 읽는 것 이상의 효과를 거둘 수 있을 것입니다.

　또, 라이트 형제같이 호기심이 많고 재주가 뛰어난 아이들은 한 발 더 나아가 '비행기의 원리'나 '공기 역학 실험' 같은 과학 원리를 배우며 폭넓게 진로를 잡아 보는 것도 좋겠습니다. 아이들이 라이트 형제 이야기를 읽고 발명이나 실험에 흥미를 느껴 숨겨져 있던 자신의 재능을 펼치거나 꿈을 가질 수 있도록 학부모님과 선생님께서 잘 이끌어 주시기 바랍니다.

머리말

아주 오랜 옛날부터 사람들은 하늘을 날고 싶어 했습니다. 그래서 새 날개 비슷한 것을 만들어 언덕에서 뛰어내리기도 하고, 글라이더, 열기구 등을 만들어 실험하기도 했습니다. 그러나 모든 시도들이 실패로 끝나고 말았습니다. 사람이 하늘을 난다는 것은 매우 어려운 일이니까요.

그렇지만 라이트 형제는 달랐습니다. 실패를 거듭하면서도 하늘을 날겠다는 꿈을 포기하지 않고 꾸준히 노력했지요. 그 결과 자신들의 꿈을 이루어 줄 비행기를 만들어 냈습니다.

라이트 형제는 꿈을 이루기까지 어떤 어려움을 겪었을까요? 그 어려움을 어떻게 극복해 냈을까요?

이 책을 읽으며 내가 이루고 싶은 꿈이 무엇인지, 어떻게 하면 그 꿈을 이룰 수 있을지 곰곰이 생각해 보세요. 포기하지 않는다면 라이트 형제처럼 꿈을 이룰 수 있답니다.

글쓴이 길지연

차례

날아라, 박쥐야 — 10

신문 접는 기계 — 21

신문을 만들다 — 28

라이트 자전거 가게 — 34

날아라, 하늘로 — 38

하늘의 용사, 라이트 형제 — 49

집으로 — 64

라이트 형제의 삶 — 70
읽으며 생각하며! — 72

날아라, 박쥐야

"쿵쾅, 쿵쾅."

오늘도 윌버와 오빌의 방에서는 망치 소리가 요란합니다.

"아이, 시끄러워."

큰형 로이힐린과 둘째 로린이 얼굴을 찌푸렸습니다.

"쟤들 때문에 책을 읽을 수가 없어."

바로 그때였습니다.

"애들아, 문 열어라."

"아빠다!"

아이들이 문 앞으로 쪼르르 달려나갔습니다.

"아빠, 잘 다녀오셨어요?"

"어머니 말씀 잘 듣고 있었니?"

"네."

아버지는 아이들의 뺨에 입을 맞추었습니다.

윌버 라이트 | 비행기를 발명한 것은 라이트 형제입니다. 사진은 그중 형인 윌버 라이트의 열 살 무렵 모습입니다.

"그런데 셋째와 넷째는 어디 있니?"

"오빠들은 방에서 무얼 만들고 있어요."

막내 캐서린이 말했습니다.

"윌버와 오빌은 여전하구나."

아버지가 빙그레 웃었습니다.

아버지는 교회 목사입니다. 그래서 늘 다른 마을로 설교(종교의 교리를 가르침)를 하러 다니십니다.

아버지는 가방에서 선물을 꺼냈습니다.

"자, 우리 막내 공주님! 오늘 선물은 인형입니다."

"아빠, 정말 예뻐요."

빨간 모자를 쓴 인형을 보자 캐서린은 기뻐서 깡충깡충 뛰었습니다.

"이건 네가 부탁한 책이다."

아버지는 로이힐린에게 책을 건네주었습니다.

"우리 둘째 로린의 선물은 이거다."

로린에게는 나무로 만든 말 조각품을 주었습니다.

"야, 신난다!"

"너희들 정말 좋겠구나."

어머니가 앞치마에 손을 닦으며 나오셨습니다.

아버지는 마지막으로 가방에서 무엇인가를 꺼냈습니다.

나무 막대에 고무줄이 달려 있는 장난감이었습니다.

"이건 윌버하고 오빌에게 줄 건데……."

아버지는 장난감을 들고 윌버와 오빌이 있는 방으로 갔습니다. 궁금해진 아이들이 살금살금 뒤를 따랐습니다. 아버지가 방문을 열었지만 윌버와 오빌은 못질을 하느라 정신이 없었습니다. 아버지가 들고 있던 장난감을 하늘로 날리자, 장난감이 파닥파닥 날갯짓을 하며 마치 새처럼 날았습니다.

"야! 박쥐다, 박쥐야!"

아버지 뒤를 따라온 세 아이들이 소리 높여 외쳤습니다.

윌버와 오빌은 그제야 고개를 들었습니다.

"어? 날아다니는 장난감이잖아?"

윌버와 오빌의 눈이 휘둥그레졌습니다.

"너희들에게 주는 선물이란다."

"아빠! 이렇게 멋진 장난감을 어디서 사셨어요?"

장난감 헬리콥터가 떨어지자 윌버가 재빨리 집었습니다.

"오빌! 밖에 나가서 날려 보자."

"좋아, 나가자!"

아이들이 우르르 밖으로 뛰어나갔습니다.

윌버와 오빌은 해질녘까지 헬리콥터를 가지고 놀다가 집으로 돌아왔습니다.

"아빠, 장난감이 날아다니는 게 너무 신기해요."

아버지는 헬리콥터 막대에 붙은 고무줄을 감으면서 말했습니다.

"우리 둘레에는 공기가 꽉 차 있단다. 이렇게 고무줄을 감았다가 탁 놓으면 날개가 빙글빙글 돌아가지. 그러면 날개가 돌

면서 주위에 있던 공기를 밀어낸단다. 공기가 밀리면 아래에 있는 공기가 올라오겠지? 그래서 헬리콥터가 가볍게 위로 올라갈 수 있는 거야."

"아, 그렇구나! 그럼 공기의 힘으로 나는 거네요?"

"그렇지."

"형! 우리도 헬리콥터 만들어 보자."

"그럴까?"

윌버와 오빌은 그날부터 헬리콥터를 만들기 시작했습니다. 그러나 생각대로 잘 되지 않았습니다. 처음에 만든 것은 날개가 너무 컸고, 두 번째 것은 나무 막대가 무거워서 날지 못했습니다.

"형, 날개를 작게 만들어야 해."

"맞아! 나무 막대도 가벼운 것을 끼워야겠어."

여러 번 실패한 끝에 형제는 하늘을 붕붕 날아다니는 헬리콥터를 만들었습니다.

"오빌! 아무리 봐도 박쥐 같지?"

라이트 형제 | 라이트 형제는 세계 최초로 동력 비행기를 발명했습니다. 왼쪽이 형인 윌버 라이트, 오른쪽이 동생인 오빌 라이트입니다.

"정말이네! 이거 박쥐 1호라고 부를까?"

윌버와 오빌은 여러 가지 모양의 헬리콥터를 만들어 박쥐 2호, 박쥐 3호라고 이름 붙였습니다.

"오빌! 이 박쥐를 크게 만들면 사람도 탈 수 있지 않을까?"

"형! 이다음에 사람도 탈 수 있는 큰 박쥐를 만들어 보자."

"좋아, 약속해."

형제는 손가락을 걸고 굳게 약속했습니다.

신문 접는 기계

어느덧 윌버가 열일곱, 오빌이 열세 살이 되었습니다. 윌버는 학교 아이스하키(여섯 명이 한 팀이 되어 얼음 위에서 스케이트를 타고 하는 경기) 선수였습니다.

바람이 쌩쌩 부는 겨울날이었습니다.

"윌버 어머니! 윌버가 다쳤어요. 경기를 하다가 하키 채에 얼굴을 맞았어요."

한 학생이 급히 뛰어오며 외쳤습니다.

이 사고로 윌버는 턱뼈에 금이 가는 상처를 입었습니다.

"윌버! 실망하지 말고 힘을 내라. 건강해지면 다시 운동을 할 수 있을 거야."

아버지와 어머니는 윌버를 위로했습니다. 그런데 윌버는 상처가 다 나았는데도 학교에 가지 않았습니다.

"아버지! 더 이상 학교에 다니지 않겠어요."

"윌버야! 그동안은 아파서 쉬었지만, 다시 학교에 가면 공부도 운동도 잘할 수 있을 거야."

아버지는 자상하게 타일렀습니다.

"늘 외우기만 하는 학교 공부는 재미없어요. 공부보다는 신문 만드는 일을 하고 싶어요."

아버지는 한참을 생각하다가 고개를 끄덕였습니다.

"네 생각이 그렇다면 그렇게 해라. 그러나 어려움이 닥치더라도 포기하지 말고 열심히 해야 한다."

"네, 아버지."

윌버는 그날부터 아버지를 도와 교회 신문을 만들었습니다. 신문이 만들어지면 한 장 한 장 손으로 접어야 했습니다. 많은

신문을 일일이 손으로 접는 일은 무척 힘들었습니다.

"신문을 좀 더 쉽게 접는 방법이 없을까?"

그러던 어느 날이었습니다. 어머니가 재봉틀 돌리는 모습을 보는 순간 머릿속을 스치고 지나가는 것이 있었습니다.

"바로 저거야! 재봉틀처럼 발로 신문을 접는 거야."

윌버는 한달음에 창고로 달려갔습니다.

덜컹덜컹, 뚝딱뚝딱…….

윌버는 며칠 밤을 새워 신문 접는 기계를 만들었습니다.

"후유, 드디어 다 만들었다. 어디 한번 시험해 볼까?"

윌버는 조심스레 기계에 신문을 넣고 발판을 밟았습니다. '덜커덩' 소리와 함께 신문이 반듯

하게 접혀 나왔습니다.

"이야, 성공이다!"

이 기계 덕분에 윌버는 신문을 손쉽게 접을 수 있었습니다.

"형, 창고에 뭐가 있게?"

어느 날 오빌이 싱글거리는 얼굴로 물었습니다.

"하하, 너 인쇄기 만들자고 그러는 거지?"

"어떻게 알았어?"

"창고에 있는 부속품(어떤 기구나 기계 등에 딸려 붙은 물건)을 보고 알았지."

그동안 오빌은 용돈이 생길 때마다 인쇄기 부속품을 조금씩 사 모았습니다.

"인쇄기를 만들 거야. 형이 도와 줘."

라이트 형제는 금속과 나무를 잘라 멋진 인쇄기를 만들었습니다. 이 인쇄기는 속도가 빨라서 한 시간에 신문을 천 장이나 찍어 냈습니다.

"이 정도 속도라면 신문사를 차려도 될 거야."

라이트 형제는 신문을 만들 계획을 세웠습니다.

틈틈이 아버지 밑에서 배운 덕분에 신문 만드는 일은 그다지 어렵지 않았습니다.

1888년, 마침내 라이트 형제는 「서부 뉴스」라는 주간 신문(한 주일에 한 번 발행하는 신문)을 만들었습니다.

그 지역 사람들 이야기를 담은 지역 신문이었습니다.

신문 첫 면에 오빌 라이트가 사장으로 찍혀 나왔습니다.

"오빌, 축하해!"

"다 형 덕분이야."

월버가 스물한 살, 오빌이 열일곱 살 되던 해였습니다.

오빌은 다니던 고등학교를 그만두고 신문사 사장이 된 것입니다.

「서부 뉴스」는 인기가 좋아서 얼마 지나지 않아 500부 이상이나 팔려 나갔습니다.

"형, 이제 매일 나오는 신문을 만들어야겠어."

다음 해, 라이트 형제는 「저녁 기사」라는 일간 신문(날마다 발행하는 신문)을 만들었습니다.

막내 캐서린이 숨을 헐떡이며 신문사로 달려왔습니다.

"뭐라고, 어머니가? 오빌, 어서 의사 선생님을 모시고 와."

월버는 동생 오빌에게 이렇게 말하고 급히 집으로 달려갔습니다.

방문을 열고 들어서자 어머니는 마치 잠이 든 듯 누워 있었습니다. 어머니는 얼굴을 만져도 움직이지 않았습니다. 어머니는 숨을 쉬지 않았습니다.

"어머니! 어머니, 눈 좀 떠 보세요!"

월버는 어머니의 얼굴을 부여잡고 소리를 쳤습니다.

곧 집안은 울음바다가 되었습니다.

며칠 뒤, 어머니는 무덤에 묻혔습니다. 어머니 무덤에는 하얀 장미꽃이 소복이 놓였습니다.

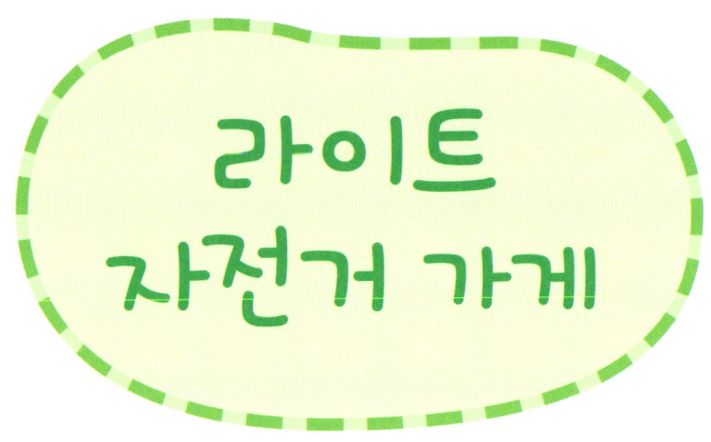

라이트 자전거 가게

어머니가 돌아가시자 라이트 형제도 풀이 죽었습니다. 어머니는 윌버와 오빌의 좋은 선생님이기도 했습니다.

"외할아버지는 마차를 만드셨단다. 덕분에 나는 많은 기술을 배울 수 있었지."

어머니는 라이트 형제를 앞혀 놓고 못질하는 법이며 나무 막대 끼워 맞추기 등 여러 가지 기술을 가르쳐 주셨습니다.

"형, 이제 신문사를 그만둘까 봐."

그 무렵, 데이턴에 큰 신문사가 많이 생겨 신문이 예전처럼

잘 팔리지 않았습니다.

"오빌, 우리 자전거 가게를 차리면 어떨까?"

"자전거 가게?"

"우리 마을은 길이 울퉁불퉁해서 먼지가 많잖아. 그래서 자전거가 잘 고장 나니까 자전거 가게를 차리는 거야."

"형, 정말 좋은 생각이야. 고장 난 자전거라면 얼마든지 고칠 자신이 있어."

윌버와 오빌은 데이턴에 자전거 가게를 차렸습니다.

그리고 얼마 뒤에는 먼지에도 끄떡없는 새 자전거를 만들어 냈습니다.

"새 자전거에 우리만의 이름을 붙이자."

라이트 형제는 새 자전거에 '밴 클리브'라는 할아버지 이름을 붙였습니다. 라이트 형제가 만든 자전거는 큰 인기를 끌었습니다. 주문이 밀리자 라이트 형제는 시내에 '라이트 자전거 회사'를 차렸습니다.

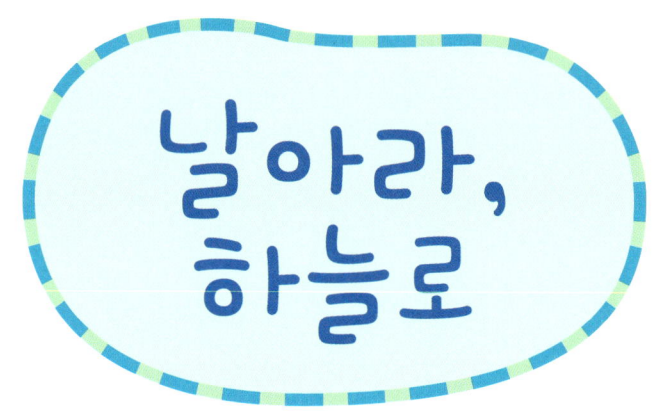

"오빌, 이 신문 좀 봐. 오토 릴리엔탈이 죽었어."

"릴리엔탈이라면 글라이더를 만든 사람 아니야?"

"응, 글라이더를 시험하다가 떨어져서 죽었대. 그래서 사람들은 이제 하늘을 나는 건 불가능하다는 거야."

오빌이 형의 손을 꽉 잡았습니다.

"형, 기억 나? 사람이 탈 수 있는 박쥐를 만들자고 했던 약속!"

"기억하고말고."

라이트 형제의 첫 동력 비행기 비행 실험 동상 | 라이트 형제가 비행 실험을 했던 노스캐롤라이나주의 킬데빌 언덕 위에는 라이트 형제 기념비가 세워져 있고, 동력 비행을 실험했던 모래사장은 국립 라이트 기념 공원으로 지정되었습니다.

"우리가 글라이더를 만들어 보자."

오빌은 형과 함께 글라이더 만들 계획을 세웠습니다.

"먼저 비행기에 대해 공부해야 해."

라이트 형제는 비행기에 대한 책을 사서 읽고, 도서관에서 자료도 모았습니다.

그러던 어느 날입니다. 어떤 손님이 튜브(자전거나 자동차 바퀴에 바람을 넣는 고무관)를 사러 왔습니다. 튜브 상자를 꺼내던 윌버가 갑자기 "이거야!" 하고 외쳤습니다.

튜브 상자 끝이 서로 반대 방향으로 비틀려 있었습니다. 왼쪽을 똑바로 하면 오른쪽이 기우뚱하고, 오른쪽을 똑바로 하면 왼쪽이 기우뚱했습니다.

"글라이더 날개도 이렇게 만들면, 바람이 불어도 떨어지지 않고 떠 있을 거야."

윌버는 이 사실을 오빌에게 말했습니다.

"형, 어떻게 그런 생각을 했어? 먼저 연을 만들어서 시험해 보자."

라이트 형제는 나무틀에 천을 씌워 두겹날개(두 겹으로 된 날개) 연을 만들었습니다. 튜브 상자처럼 양쪽 날개가 비틀리게 만들었습니다.

연은 생각대로였습니다. 연이 기울어지려 할 때 반대쪽 날개를 비틀면 수평을 유지했습니다.

자신감을 얻은 라이트 형제는 곧 사람이 탈 수 있는 큰 글라이더를 만들었습니다. 날개 비틀기 장치를 단 글라이더였습니다.

"이렇게 큰 글라이더가 날려면 바람이 아주 세야 해."

"형, 기상대(날씨와 자연을 관찰하는 곳)에 편지를 보내 어디가 좋은지 알아보자."

기상대에서는 키티호크 해변이 좋다고 알려 주었습니다.

형제는 짐을 꾸려 키티호크로 떠났습니다. 그곳에 가니 사나운 모래바람이 불어 눈을 뜰 수 없었습니다.

"형, 사람도 날아갈 것 같은 바람이야."

"글라이더가 바다로 떨어지는 건 아니겠지?"

윌버가 조종석에 앉으며 말했습니다.

"오빌, 글라이더가 떠오르려고 하면 날개를 놔."

"알았어."

글라이더는 모래 언덕을 부드럽게 미끄러져 내려갔습니다.

"출발!" 신호와 동시에 오빌은 잡고 있던 글라이더 날개를 놓았습니다.

글라이더는 기우뚱기우뚱하더니 가볍게 떠올랐습니다.

날개가 한쪽으로 기울어질 때마다 윌버는 방향키를 당겼습니다. 글라이더 날개는 다시 수평이 되었습니다.

윌버는 30미터쯤 날다가 가볍게 모래 위에 앉았습니다.

"형, 성공이야!"

"릴리엔탈도 못 한 걸 우리가 해냈어!"

라이트 형제는 얼싸안고 모래 언덕 위를 뒹굴었습니다.

그해 가을이 다 가도록 형제는 키티호크에서 글라이더를 탔습니다.

"형, 내년에 더 좋은 글라이더를 만들어서 다시 오자."

겨울이 되자 형제는 집으로 돌아왔습니다.

그리고 두 번째 글라이더를 만들기 시작했습니다.

그러나 두 번째 글라이더는 실패였습니다. 보조 날개까지 달았지만 글라이더는 전혀 말을 듣지 않았습니다. 윌버는 이 글라이더를 타다가 떨어져 크게 다치기까지 했습니다.

"형, 뭐가 잘못되었을까?"

"릴리엔탈이 연구한 자료대로 만들었는데……."

라이트 형제는 릴리엔탈의 연구가 틀렸다는 걸 알았습니다.

"우리가 다시 연구하자."

그러나 글라이더를 만들 돈이 없었습니다. 우선 집에 있는 나무 상자, 선풍기, 자전거 바퀴 등을 뜯어 실험해 볼 수밖에 없었습니다.

"먼저 날개 실험을 해 봐야겠어. 그러려면 똑같은 속도로 바람을 일으키는 기계가 필요해."

형제는 몇 주 동안 바람 일으키는 기계를 만드는 데 온 힘을 기울였습니다.

라이트 형제는 이 실험으로 새로운 사실을 알아낼 수 있었습니다.

"공기의 흐름에 따라서 날개 끝을 틀어야 해."

그 연구를 바탕으로 세 번째 글라이더가 완성되었습니다.

플라이어 1호 | 라이트 형제가 발명한 '플라이어 1호'의 조종석 모습입니다. 첫 비행 때 12초 동안 36미터를 날았습니다. 미국 국립 우주 박물관에 전시되어 있습니다.

날개 조종 장치를 단 글라이더였습니다. 글라이더에 날개 조종 장치를 단 건 세계에서 처음이었습니다.

"제발 잘 날아야 할 텐데."

오빌은 조종석에 앉아 두 손을 모으고 기도를 했습니다.

"자, 출발!"

글라이더는 모래 언덕을 미끄러지며 날아올랐습니다. 윌버는 숨을 죽인 채 조용히 하늘을 쳐다보았습니다. 글라이더는 날개를 활짝 펼친 독수리처럼 힘차게 날고 있었습니다.

"와, 성공이다! 만세!"

윌버는 두 손을 높이 쳐들고 모래밭을 마구 뛰었습니다.

윌버와 오빌은 이 글라이더를 타고 10일 동안 700번을 날았습니다.

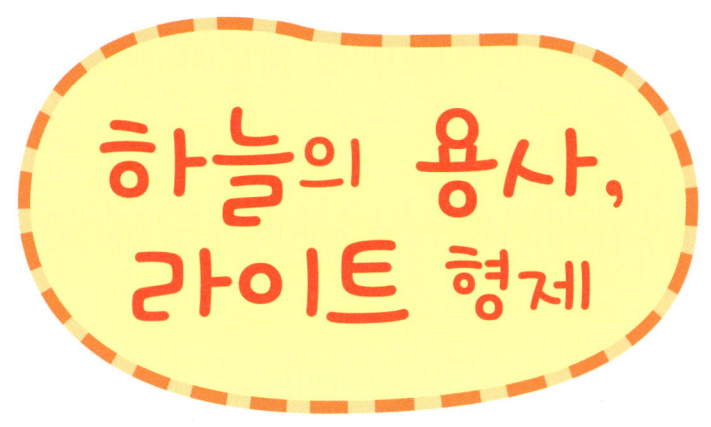

하늘의 용사, 라이트 형제

 겨울이 되어 집으로 돌아온 라이트 형제는 이제 엔진을 단 비행기를 만들고 싶었습니다.
 "글라이더는 바람 없이는 날지 못해. 바람이 불지 않아도 날 수 있는 비행기를 만들어야 해."
 형제는 머리를 싸매고 생각했습니다. 그러나 비행기 엔진을 만들어 줄 공장이 없었습니다.
 "오빌, 찰스에게 부탁해 볼까?"
 찰스는 자전거 만드는 기술자였습니다. 라이트 형제는 엔진

을 그려 가지고 찰스를 찾아갔습니다.

"이런 부속품은 없어요. 하지만 한번 만들어 보겠습니다."

찰스는 여러 가지 부품을 모아 엔진을 만들었습니다. 다행히도 그 엔진은 비행기에 딱 맞았습니다.

"엔진을 시험하려면 회전 날개가 있어야 하는데……."

윌버와 오빌은 선풍기나 배에 붙어 있는 프로펠러를 가지고 날개 실험을 했습니다.

"부웅부웅!"

엔진 실험을 할 때마다 천둥 소리만큼 큰 소리가 났습니다. 동네 사람들이 모두 놀라 뛰쳐나오곤 했습니다.

"아유, 이제 그만해요. 고막이 터지겠어요."

이렇게 몇 달을 고생한 끝에 드디어 엔진을 단 비행기가 완성되었습니다. 라이트 형제는 이 비행기를 '플라이어 1호'라고 불렀습니다.

1903년 12월 17일 아침, 키티호크 해변에는 바람 소리가 요란했습니다.

플라이어 1호가 시험 비행을 기다리고 있었습니다.
윌버와 오빌은 가슴이 두근거렸습니다.
"오빌! 네가 세계 최초의 비행사가 될 거야."
윌버는 조종석에 앉은 동생을 보면서 엄지손가락을 치켜들어 보였습니다.

오빌도 눈물이 핑 돌았습니다.

"형, 걱정 마. 멋지게 날아 볼게."

"자, 출발!"

윌버가 깃발을 내렸습니다. 사람들이 플라이어 1호에 매달린 밧줄을 풀었습니다. 플라이어 1호는 선로(열차, 비행기 등의 바퀴가 달리는 길)를 달리다가 가볍게 날아올랐습니다. 플라이어 1호는 천천히 항해하는 배처럼 편안하게 하늘을 날았습니다. 윌버는 시계를 들여다보았습니다.

"1초, 2초, 3초……."

플라이어 1호는 40미터쯤 날다가 가볍게 내려앉았습니다.

"성공이다, 오빌!"

윌버는 동생을 끌어안았습니다.

"형, 몇 초야?"

"12초. 이번엔 내가 타 볼게."

윌버가 조종석에 앉았습니다. 윌버는 플라이어 1호를 타고 290미터나 날았습니다. 시간은 59초였습니다.

최고 기록이었습니다.

"아버지한테 이 사실을 알려야지."

오빌은 우체국으로 달려갔습니다.

이 소식을 듣고 많은 사람들이 찾아왔습니다. 라이트 형제는 사람들을 위해 시범 비행을 하기로 했습니다.

"시범 비행을 하려면 기술을 더 익혀야 해."

"더 성능(기계의 성질과 능력) 좋은 비행기도 만들자."

라이트 형제는 두 번째 비행기를 만들었습니다.

"형, 우리의 조종 기술을 보여 줄 때가 왔어."

윌버와 오빌은 그동안 새로운 조종 기술도 익혔습니다.

1904년, 라이트 형제는 새로 만든 비행기 '플라이어 2호'를 싣고 허프만 초원으로 갔습니다.

많은 사람들이 구경을 하기 위해 모여 있었습니다. 아버지와 여동생 캐서린도 있었습니다.

윌버와 오빌은 번갈아 가며 비행기를 탔습니다.

빙글빙글 맴도는 비행기를 보며 사람들은 입을 다물지 못했습니다.

"오, 세상에! 믿을 수가 없어요."

어떤 부인은 너무 놀라 그 자리에 주저앉고 말았습니다. 허프만 초원에서 보여 준 시범 비행은 대성공이었습니다.

그 다음 해, 라이트 형제는 세 번째 비행기 '플라이어 3호'를 만들어 38분 가까이 날았습니다.

비행 거리도 39킬로미터나 되었습니다.

허프만 초원을 30바퀴 이상 돈 것입니다.

이 소식을 들은 미국 국방부에서 비행기를 만들어 달라고 부탁했습니다. 곧이어 프랑스에서도 비행기를 사겠다는 연락이 왔습니다.

라이트 형제는 '라이트 플라이어 A'라는 새로운 비행기를 만들기로 했습니다.

"오빌, 새 비행기를 만드는 일은 비밀로 해야 해."

"그래, 알았어."

그 무렵, 라이트 형제의 비행기 기술을 빼앗아 가려는 회사가 있었습니다. 새로 만든 비행기는 조종사 옆에 한 사람이 더 탈 수 있는 2인승 비행기였습니다.

윌버는 이 비행기를 가지고 프랑스로 갔습니다. 100번 이상의 선회 비행(어떤 지점이나 물체 위를 빙빙 도는 비행)이 끝나자 사람들은 윌버를 '하늘의 왕자'라고 부르며 탄복했습니다.

"하늘의 왕자 윌버 만세!"

프랑스에서 윌버의 이름을 모르는 사람은 없었습니다. 독일에서도 비행기 제조 회사를 차리자는 연락이 왔습니다.

그 무렵, 오빌은 미국에서 선회 비행을 하고 있었습니다. 그 모습을 지켜본 국군 장교들은 모자를 벗어 흔들며 환호했습니다.

집으로

비행기는 세계 여러 나라로 팔렸습니다. 비행기를 팔아 부자가 된 라이트 형제는 고향 데이턴에 '라이트 비행기 회사'를 세웠습니다. 형 윌버는 회장이 되고, 동생 오빌은 사장이 되었습니다.

이제 라이트 형제를 자전거 가게 주인이라고 부르는 사람은 없었습니다.

윌버와 오빌은 밥 먹을 시간도 없이 바빴습니다.

그러던 어느 날, 윌버가 갑자기 쓰러졌습니다.

라이트 형제 기념비 | 라이트 형제의 얼굴을 담은 기념비입니다. 최초로 동력 비행에 성공했던 킬데빌 언덕 키티호크 해변에 세워져 있습니다.

"장티푸스로군요."

의사 선생님의 얼굴이 어두웠습니다.

"형, 기운을 내. 꼭 이겨 내야 해."

오빌은 정성껏 형을 돌보았습니다.

"오빌! 우리는 밥 먹을 때도, 잠잘 때도, 비행기를 만들 때도 늘 함께였구나."

윌버가 힘없이 웃으며 말했습니다.

"형, 우리는 앞으로도 영원히 함께할 거야."

그러나 며칠 뒤 윌버는 결국 세상을 떠나고 말았습니다.

윌버의 나이 마흔다섯 살이었습니다.

"형, 나를 두고 혼자 가면 어떡해. 흑흑!"

오빌은 형의 무덤 앞에서 일어설 줄을 몰랐습니다.

형이 세상을 떠나자 오빌은 기운을 잃었습니다.

어느덧 아버지는 머리가 하얀 노인이 되었고, 막내인 캐서린도 중년 부인이 되었습니다.

"형도 떠나고 없으니 이제 가족들과 지내야겠어."

오빌은 비행기 회사를 팔고 고향으로 돌아왔습니다. 그리고 데이턴에서 조금 떨어진 곳에 큰 집을 샀습니다. 집 한쪽에 실험실도 마련했습니다.

오빌은 그 실험실에서 여러 가지 물건을 만들었습니다. 조카들이 가지고 놀 장난감, 청소기, 그리고 비행기에 끼우는 부속품 등이었습니다.

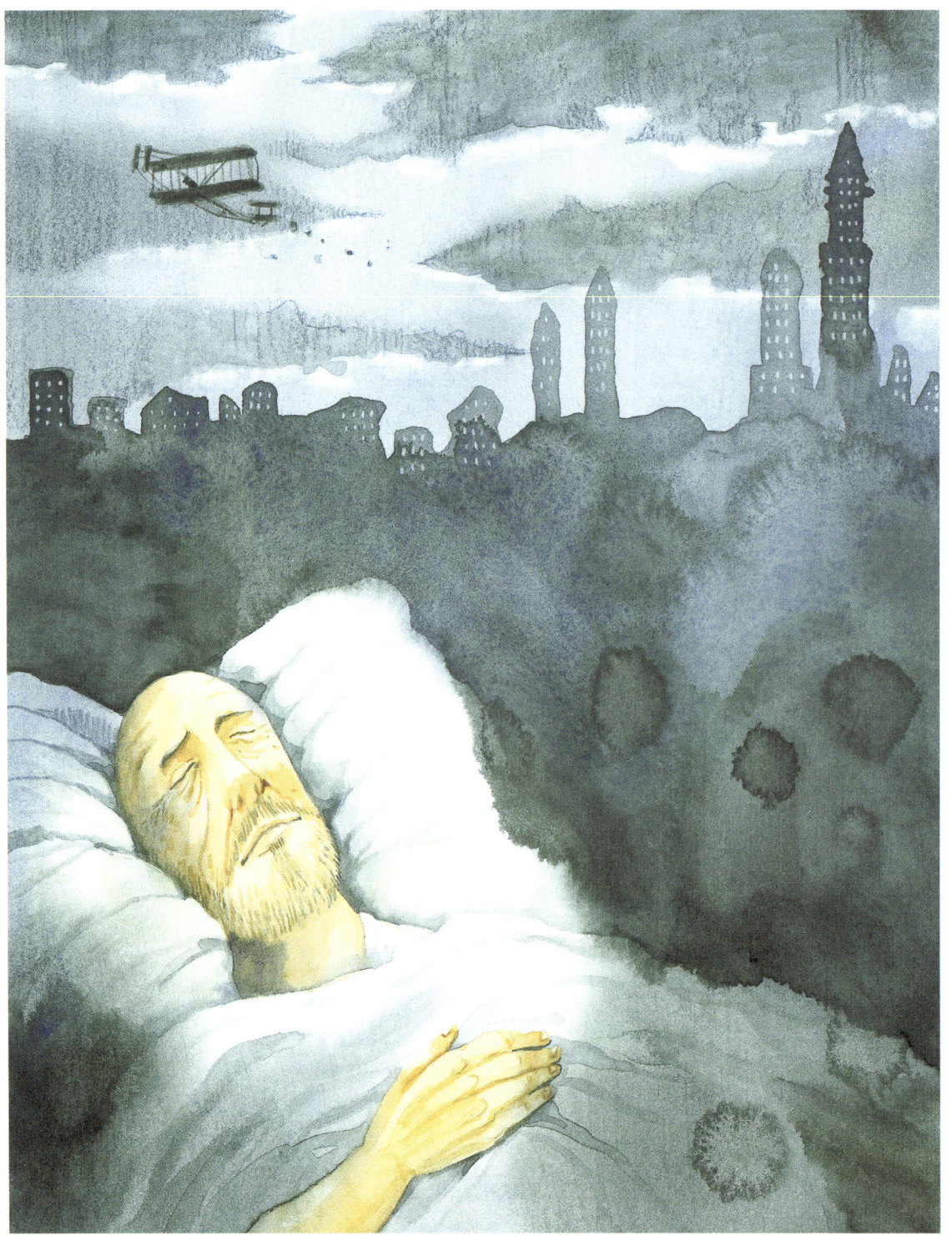

노스캐롤라이나주 킬데빌 언덕에 있는 라이트 형제 기념비

아버지가 돌아가신 후에는 캐서린과 둘이 살았습니다. 저녁이면 자전거를 타고 동네를 돌았습니다. 아이들은 오빌을 보면 '비행기 할아버지!' 하고 부르며 달려왔습니다.

눈이 펄펄 내리던 날이었습니다. 도란도란 들려오는 말소리에 오빌은 창문을 열었습니다. 아이들이 눈 내리는 언덕에서 눈싸움을 하고 있었습니다. 오빌은 어릴 때 형과 뛰어놀던 생각을 하며 싱긋 웃었습니다.

그 순간 갑자기 눈앞이 희미해졌습니다. 차가운 바람이 불어오자 오빌은 가쁜 숨을 몰아쉬었습니다.

"윌버 형! 보고 싶어……."

오빌은 윌버의 이름을 부르며 조용히 눈을 감았습니다.

그의 나이 일흔일곱 살이었습니다.

라이트 형제의 삶

연 대	발 자 취
1867년(윌버 0세)	미국 인디애나주 밀빌에서 윌버 라이트가 셋째 아들로 태어나다.
1871년(윌버 4세, 오빌 0세)	미국 오하이오주 데이턴에서 넷째인 오빌 라이트가 태어나다.
1878년(윌버 11세, 오빌 7세)	아버지가 사 준 장난감 헬리콥터에 '박쥐'라고 이름을 붙여 가지고 놀면서 여러 가지 모양의 장난감 헬리콥터를 만들다.
1884년(윌버 17세, 오빌 13세)	윌버가 학교를 그만두고 신문사 일을 하다가 신문 접는 기계를 발명하다.
1888년(윌버 21세, 오빌 17세)	오빌이 인쇄기를 만들어 인쇄소를 차리다. 라이트 형제가 주간 신문을 발행하다.
1889년(윌버 22세, 오빌 18세)	일간 신문을 발행하다. 어머니가 폐병으로 세상을 떠나다.
1892년(윌버 25세, 오빌 21세)	'라이트 자전거 가게'를 운영하다가 데이턴에 자전거 회사를 세우다.
1896년(윌버 29세, 오빌 25세)	독일의 글라이더 아버지 오토 릴리엔탈이 사고로 세상을 떠나자 비행기를 만들 결심을 하다.
1899년(윌버 32세, 오빌 28세)	두겹날개 연을 만들어 비행기 발명에 대한 연구를 시작하다.
1900년(윌버 33세, 오빌 29세)	노스캐롤라이나주 키티호크 해변에서 첫 번째 글라이더 시험 비행에 성공하다.
1901년(윌버 34세, 오빌 30세)	키티호크에서 두 번째 글라이더를 만들다.
1902년(윌버 35세, 오빌 31세)	세계 최초로 조종 장치를 단 글라이더를 만들어 비행에 성공하다.
1903년(윌버 36세, 오빌 32세)	12월 17일 세계 최초의 동력 비행기 '플라이어 1호'를 만들고, 키

연 대	발 자 취
	티호크에서 오빌이 첫 비행에 성공하다.
1904년(월버 37세, 오빌 33세)	'플라이어 2호'를 만들어 허프만 초원에서 시험 비행에 성공하고, 세계 최초로 선회 비행에 성공하다.
1905년(월버 38세, 오빌 34세)	'플라이어 3호'를 만들고 비행에 성공하다.
1908년(월버 41세, 오빌 37세)	월버, 프랑스에서 실험 비행에 성공하다. 세계 최초로 비행기에 두 사람이 타고 하늘을 날다. 오빌이 미국에서 공개 시험 비행에 성공하다.
1909년(월버 42세, 오빌 38세)	미국 국방부에서 '플라이어호'를 구입하다. 데이턴에 '라이트 비행기 회사'를 세우다. 독일에 비행기 회사를 세우다.
1910년(월버 43세, 오빌 39세)	데이턴에 비행기 학교를 세우다.
1911년(월버 44세, 오빌 40세)	오빌이 새로 만든 글라이더로 9분 45초를 비행하다. 이 기록을 10년 동안 아무도 깨지 못하다.
1912년(월버 45세, 오빌 41세)	월버가 장티푸스로 세상을 떠나다.
1915년(오빌 44세)	오빌이 비행기 제조 회사를 팔다.
1916년(오빌 45세)	제1차 세계 대전에 항공기가 처음으로 사용되다.
1918년(오빌 47세)	오빌이 조종사로서 마지막 비행을 하다.
1947년(오빌 76세)	아버지가 세상을 떠나다.
1948년(오빌 77세)	오빌이 심장 마비로 세상을 떠나다.

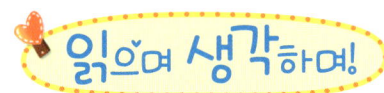

1. 라이트 형제의 이름은 무엇인가요?

   형 :

   동생 :

2. 다음은 아버지가 헬리콥터 장난감을 가지고 놀다 들어온 라이트 형제에게 한 말입니다. ( ) 안에 공통적으로 들어갈 말은 무엇인가요?

   "우리 둘레에는 (　　)가 꽉 차 있단다. 이렇게 고무줄을 감았다가 탁 놓으면 날개가 빙글빙글 돌아가지. 그러면 날개가 돌면서 주위에 있던 (　　)를 밀어낸단다. (　　)가 밀리면 아래에 있는 (　　)가 올라오겠지? 그래서 헬리콥터가 가볍게 위로 올라갈 수 있는 거야."

3. 라이트 형제가 비행기를 만들 결심을 하게 된 것은 어릴 때 아버지가 사다 주신 장난감이 계기가 되었습니다. 아버지로부터 받은 선물은 어떤 것이었나요?

4. 다음 글에서와 같이 여러 어려움에도 불구하고 포기할 수 없는 일이 여러분에게도 있는지, 그 일을 왜 좋아하는지 이야기해 보세요.

 월버는 이 글라이더를 타다가 떨어져 크게 다치기까지 했습니다.
 "형, 뭐가 잘못되었을까?"
 "릴리엔탈이 연구한 자료대로 만들었는데……."
 라이트 형제는 릴리엔탈의 연구가 틀렸다는 걸 알았습니다.
 "우리가 다시 연구하자."
 그러나 글라이더를 만들 돈이 없었습니다.
 우선 집에 있는 나무 상자, 선풍기, 자전거 바퀴 등을 뜯어 실험해 볼 수밖에 없었습니다.

5. 형 월버가 공부를 그만두고 신문 만드는 일을 하겠다고 하자 아버지는 그것을 허락해 줍니다. 여러분이 아버지였다면 월버에게 어떻게 말했을까요? 또, 왜 그렇게 말하고 싶은지도 써 보세요.

6. 라이트 형제는 몇 번 실패한 끝에 결국 글라이더를 만들었습니다. 여러분도 라이트 형제처럼 포기하지 않고 노력하여 성공한 일이 있나요? 그때 느낀 감정은 무엇이고, 이를 통해 무엇을 배웠는지 써 보세요.

7. 동생 오빌은 형 윌버가 세상을 떠나자 가족들과 지내야겠다고 생각해 비행기 회사를 팔고 집으로 돌아옵니다. 여러분에게 가족이란 어떤 존재라고 생각하는지, 그렇게 생각한 이유는 무엇인지 써 보세요.

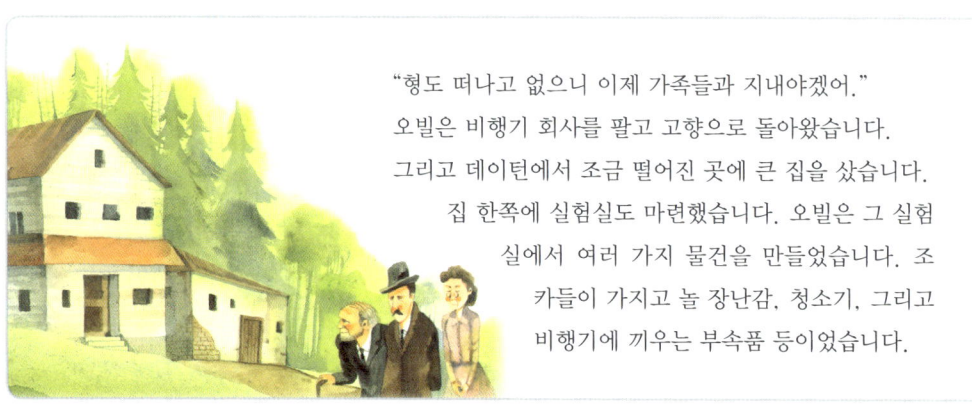

"형도 떠나고 없으니 이제 가족들과 지내야겠어."
오빌은 비행기 회사를 팔고 고향으로 돌아왔습니다.
그리고 데이턴에서 조금 떨어진 곳에 큰 집을 샀습니다.
집 한쪽에 실험실도 마련했습니다. 오빌은 그 실험실에서 여러 가지 물건을 만들었습니다. 조카들이 가지고 놀 장난감, 청소기, 그리고 비행기에 끼우는 부속품 등이었습니다.

1. (형) 윌버 라이트, (동생) 오빌 라이트.
2. 공기.
3. 장난감 헬리콥터.
4. 예시 : 나는 만들기를 참 좋아한다. 무언가를 만들고 있으면 즐겁고 행복하다. 시간 가는 줄을 모른다. 만들기 숙제를 할 때는 그것이 숙제 같지 않고 재미있는 놀이를 하는 것처럼 느껴진다. 손재주가 뛰어나다는 칭찬도 많이 듣는다. 앞으로 이런 능력을 잘 살려 나에게 잘 맞고 내가 하고 싶은 일을 찾을 생각이다.
5. 예시 : 학교를 그만두는 것은 좋지 않다고 설득할 것 같다. 학교가 적성에 맞지 않는다고 금세 그만두면 다른 일도 끝까지 할 수 없기 때문이다. 학교를 그만두지 말고 우선 취미 삼아 신문 만드는 일을 도와 보라고 하겠다. 그러면서 정말 학교에 다니는 것보다 신문 만드는 일이 더 적성에 맞는다고 생각하면 그때 그만두라고 권할 것이다.
6. 예시 : 어릴 때 피아노 학원에 다녔는데, 다른 아이들보다 많이 뒤처져서 항상 기가 죽어 지냈다. 나에게 소질이 없는 것 같아서 속상했다. 그렇지만 포기하지 않고 열심히 노력했다. 다른 아이들이 한 시간 연습하면 나는 두 시간 연습하며 정성을 들였다. 그랬더니 언제부터인가 다른 아이들보다 잘하게 되었다. 그때 내 자신이 무척 대견하게 느껴졌고, 노력하면 안 되는 일이 없다는 것을 깨달았다.
7. 예시 : 가족이란 무엇과도 비교할 수 없는 중요한 존재라고 생각한다. 왜냐하면 밖에서 힘든 일이 있으면 위로해 주고 어려움을 이겨 낼 수 있는 힘을 주기 때문이다. 부모님뿐만 아니라 형제들도 고민을 들어 주고 서로 돕는다. 가족은 이토록 소중한 존재이기 때문에 가족끼리 서로 아끼고 화목하게 지내야 한다.

역사 속에 숨은 위인을 만나 보세요!

한국사 연표

인물

- 광개토 태왕 (374~412)
- 을지문덕 (?~?)
- 연개소문 (?~666)
- 김유신 (595~673)
- 대조영 (?~719)
- 장보고 (?~846)
- 왕건 (877~943)
- 강감찬 (948~1031)
- 최무선 (1328~1395)
- 황희 (1363~1452)
- 세종대왕 (1397~1450)
- 장영실 (?~?)
- 신사임당 (1504~1551)
- 이이 (1536~1584)
- 허준 (1539~1615)
- 유성룡 (1542~1607)
- 한석봉 (1543~16??)
- 이순신 (1545~15??)
- 오성과 한음 (오성 155? 1618 / 한음 156? 1613)

사건

- 고조선 건국 (B.C. 2333)
- 철기 문화 보급 (B.C. 300년경)
- 고조선 멸망 (B.C. 108)
- 고구려 불교 전래 (372)
- 신라 불교 공인 (527)
- 고구려 살수 대첩 (612)
- 신라 삼국 통일 (676)
- 대조영 발해 건국 (698)
- 견훤 후백제 건국 (900)
- 궁예 후고구려 건국 (901)
- 장보고 청해진 설치 (828)
- 왕건 고려 건국 (918)
- 귀주 대첩 (1019)
- 윤관 여진 정벌 (1107)
- 고려 강화로 도읍 옮김 (1232)
- 개경 환도, 삼별초 대몽 항쟁 (1270)
- 문익점 원에서 목화씨 가져옴 (1363)
- 최무선 화약 만듦 (1377)
- 조선 건국 (1392)
- 훈민정음 창제 (1443)
- 임진왜란 (1592~1598)
- 한산도 대첩 (1592)
- 허준 동의보감 완성 (1610)
- 병자호란 (1636)
- 상평통보 전국 유통 (1678)

시대구분

B.C. | 선사 시대 및 연맹 왕국 시대 | A.D. 삼국 시대 | 698 남북국 시대 | 918 고려 시대 | 1392

연도

2000 · 500 · 400 · 300 · 100 · 0 · 300 · 500 · 600 · 800 · 900 · 1000 · 1100 · 1200 · 1300 · 1400 · 1500 · 1600

세계사 연표

B.C. | 고대 사회 | A.D. 375 | 중세 사회 | 1400

사건

- 중국 황하 문명 시작 (B.C. 2500년경)
- 인도 석가모니 탄생 (B.C. 563년경)
- 알렉산더 대왕 동방 원정 (B.C. 334)
- 크리스트교 공인 (313)
- 게르만 민족 대이동 시작 (375)
- 로마 제국 동서로 분열 (395)
- 수나라 중국 통일 (589)
- 이슬람교 창시 (610)
- 수 멸망 당나라 건국 (618)
- 러시아 건국 (862)
- 거란 건국 (918)
- 송 태종 중국 통일 (979)
- 제1차 십자군 원정 (1096)
- 테무친 몽골 통일 칭기즈 칸이 됨 (1206)
- 원 제국 성립 (1271)
- 원 멸망 명 건국 (1368)
- 잔 다르크 영국군 격파 (1429)
- 구텐베르크 금속 활자 발명 (1450)
- 코페르니쿠스 지동설 주장 (1543)
- 도요토미 히데요시 일본 통일 (1590)
- 독일 30년 전쟁 (1618)
- 영국 청교도 혁명 (1642~16??)
- 뉴턴 만유인력의 법칙 발견 (1665)

인물

- 석가모니 (B.C. 563?~B.C. 483?)
- 예수 (B.C. 4?~A.D. 30)
- 칭기즈 칸 (1162~1227)

정약용	(1762~1836)
김정호	(?~?)
주시경	(1876~1914)
김구	(1876~1949)
안창호	(1878~1938)
안중근	(1879~1910)
우장춘	(1898~1959)
방정환	(1899~1931)
유관순	(1902~1920)
윤봉길	(1908~1932)
이중섭	(1916~1956)
백남준	(1932~2006)
이태석	(1962~2010)

한국사 주요 사건

- 이승훈 천주교 전도 (1784)
- 최제우 동학 창시 (1860)
- 김정호 대동여지도 제작 (1861)
- 강화도 조약 체결 (1876)
- 지석영 종두법 전래 (1879)
- 갑신정변 (1884)
- 동학 농민 운동, 갑오개혁 (1894)
- 대한 제국 성립 (1897)
- 을사조약 (1905)
- 헤이그 특사 파견, 고종 퇴위 (1907)
- 한일 강제 합방 (1910)
- 3·1 운동 (1919)
- 어린이날 제정 (1922)
- 윤봉길·이봉창 의거 (1932)
- 8·15 광복 (1945)
- 대한민국 정부 수립 (1948)
- 6·25 전쟁 (1950~1953)
- 10·26 사태 (1979)
- 서울 올림픽 개최 (1988)
- 6·29 민주화 선언 (1987)
- 북한 김일성 사망 (1994)
- 의약 분업 실시 (2000)

시대 구분

조선 시대 | 1876 개화기 | 1897 대한 제국 | 1910 일제 강점기 | 1948 대한민국

1700 | 1800 | 1850 | 1860 | 1870 | 1880 | 1890 | 1900 | 1910 | 1920 | 1930 | 1940 | 1950 | 1970 | 1980 | 1990 | 2000

근대 사회 | 1900 현대 사회

세계사 주요 사건

- 미국 독립 선언 (1776)
- 프랑스 대혁명 (1789)
- 청·영국 아편 전쟁 (1840~1842)
- 미국 남북 전쟁 (1861~1865)
- 베를린 회의 (1878)
- 청·프랑스 전쟁 (1884~1885)
- 청·일 전쟁 (1894~1895)
- 헤이그 평화 회의 (1899)
- 영·일 동맹 (1902)
- 러·일 전쟁 (1904~1905)
- 제1차 세계 대전 (1914~1918)
- 러시아 혁명 (1917)
- 세계 경제 대공황 시작 (1929)
- 제2차 세계 대전 (1939~1945)
- 태평양 전쟁 (1941~1945)
- 국제 연합 성립 (1945)
- 소련 최초 인공위성 발사 (1957)
- 제4차 중동 전쟁 (1973)
- 소련 아프가니스탄 침공 (1979)
- 미국 우주 왕복선 콜롬비아호 발사 (1981)
- 독일 통일 (1990)
- 유럽 11개국 단일 통화 유로화 채택 (1998)
- 미국 9·11 테러 (2001)

세계 인물

워싱턴	(1732~1799)
페스탈로치	(1746~1827)
모차르트	(1756~1791)
나폴레옹	(1769~1821)
링컨	(1809~1865)
나이팅게일	(1820~1910)
파브르	(1823~1915)
노벨	(1833~1896)
에디슨	(1847~1931)
가우디	(1852~1926)
라이트 형제 (형, 윌버 1867~1912 / 동생, 오빌 1871~1948)	
마리 퀴리	(1867~1934)
간디	(1869~1948)
아문센	(1872~1928)
슈바이처	(1875~1965)
아인슈타인	(1879~1955)
헬렌 켈러	(1880~1968)
테레사	(1910~1997)
만델라	(1918~2013)
마틴 루서 킹	(1929~1968)
스티븐 호킹	(1942~2018)
오프라 윈프리	(1954~)
스티브 잡스	(1955~2011)
빌 게이츠	(1955~)

2025년 07월 25일 2판 7쇄 **펴냄**
2013년 10월 25일 2판 1쇄 **펴냄**
2008년 09월 30일 1판 1쇄 **펴냄**

펴낸곳 (주)효리원
펴낸이 윤종근
글쓴이 길지연 · **그린이** 권영묵
사진 제공 중앙포토
등록 1990년 12월 20일 · **번호** 2-1108
우편 번호 03147
주소 서울시 종로구 삼일대로 457, 406호
전화 02)3675-5222 · **팩스** 02)765-5222

ⓒ 2008 · 2013. (주)효리원

잘못 만들어진 책은 구입하신 서점에서 바꾸어 드립니다.
ISBN 978-89-281-0305-8 64990

이메일 hyoreewon@hyoreewon.com
홈페이지 www.hyoreewon.com